AF524082

Yung Pueblo

Nach Innen

Yung Pueblo

Nach Innen

Poetry

Aus dem Amerikanischen von
Carla Hegerl

allegria

Inhalte

zwei der größten Lektionen, die der Menschheit
im 21. Jahrhundert erteilt werden, sind:

wer anderen Leid zufügt, wird selbst leiden

wer sich selbst heilt, heilt die Welt

finde deine Kraft,
heile dich selbst,
liebe dich selbst,
kenne dich selbst –
diese Sätze hört man
immer öfter. *warum?*

weil sie dir den Weg in deine
Freiheit und in dein Glück weisen

Abstand

bevor ich die Last meines
Kummers und meines Schmerzes
loslassen konnte, musste ich ihr
Dasein anerkennen

ich war niemals süchtig
nach einer Sache;
ich war süchtig danach,
die Leere
in mir selbst
mit Dingen und nicht
mit meiner Liebe aufzufüllen

zu versuchen,
andere zu lieben,
ohne zuerst dich selbst zu lieben,
bedeutet, ein zerbrechliches
Heim zu errichten

drei Dinge erschweren das Leben:

dich selbst nicht zu lieben
dich dem Wachstum zu verweigern
nicht loszulassen

sehr lange habe ich mit einem
verschlossenen Herzen gelebt,
nicht weil ich
Angst davor hatte, verletzt zu werden,
sondern weil ich Angst hatte
vor dem Schmerz,
den ich versteckte

bevor wir heilen
und loslassen können,
muss das,
was uns tief
im Inneren
plagt, zuerst
an die Oberfläche
kommen

ich habe so viel Zeit damit verbracht,
neue Versionen meiner selbst zu erschaffen,
die nichts mit der Wahrheit zu tun hatten,
Charaktere, in deren Rolle ich schlüpfte,
je nachdem, wer gerade dabei war

Schichten, die den Wirbel der Gefühle
in meinem Inneren verdeckten: mein
geringes Selbstbewusstsein, den Schmerz,
den ich nicht verstand, und die Unruhe, die
aufkommt, wenn man von anderen die Liebe
verlangt, die man selbst nicht geben kann

(vor der Heilung)

ständig floh ich
vor der Dunkelheit in mir,
bis ich verstand,
dass ich in ihr
meine Freiheit
finden würde

viele von uns wandeln auf der Erde und sind sich selbst fremd, ohne zu wissen, was wahr ist und warum wir fühlen, was wir fühlen. Aktiv unterdrücken wir die erschütternden Erfahrungen und Gedanken, die wir nicht akzeptieren und loslassen können. Es ist ein Paradox des menschlichen Geistes: wir fliehen vor dem, was wir nicht sehen wollen, vor dem, was uns Schmerzen bereitet, und vor den Fragen, auf die wir keine Antwort haben, dabei fliehen wir nicht nur vor uns selbst, sondern auch vor unserer Freiheit.

nur wenn wir uns selbst als Ganzes anerkennen und das, was wir beobachten, ehrlich und ohne zu urteilen akzeptieren, können wir die Unruhe, die unsere Gedanken verschleiert und unser Herz verschließt, ablegen. das ist der Grund, warum der Schlüssel zu unserer Freiheit in unserer Dunkelheit liegt: wenn wir unsere Dunkelheit betrachten, indem wir das Licht unserer Erkenntnis nach innen richten, löst das Ego sich auf und wir lernen, unser Unterbewusstsein zu verstehen.

der Geist ist voller Schatten, doch Schatten können der Geduld und der Ausdauer des Lichtes nicht standhalten – unsere Geister sind wie Sterne, mächtige Kraftfelder reinen Lichts. doch anders als bei den Sternen können im Geist Erkenntnis und Klugheit wachsen.

wenn wir uns von
unserem Schmerz abkoppeln,
wachsen wir nicht mehr

wenn wir von
unserem Schmerz beherrscht werden,
wachsen wir nicht mehr

Freiheit bedeutet, unseren Schmerz
zu erkennen, loszulassen
und weiterzugehen

(Mittelweg)

es ist keine Liebe,
wenn du immer nur
alle Erwartungen
erfüllen musst

einer meiner größten
Fehler
war zu glauben,
dass eine andere Person
alle Teile meiner selbst
zusammenhalten kann

pass auf,
dass die Mauern,
die du zu deinem
Schutz baust,
nicht zu einem Gefängnis werden

Veränderungen in der Außenwelt können großes Leid verursachen, wenn wir nicht die Kraft finden, uns selbst zu heilen. normalerweise meiden wir Schmerz, unangenehme Situationen und Gedanken, die unsere Vorstellungen von der Welt zerstören, und errichten Mauern, um uns zu schützen. diese Mauern, die wir in unseren Geistern und Herzen errichten, sind sinnvoll, wenn wir keinen anderen Ausweg kennen. wir haben jedes Recht, uns selbst vor Schmerz zu schützen, doch sei dir bewusst, dass diese Mauern zu einem Gefängnis werden können – je mehr Mauern wir um uns herum errichten, desto weniger Raum haben wir, um zu wachsen und frei zu sein. es fällt uns schwerer, leidige Gewohnheiten abzulegen, wenn wir uns mit psychischen Mauern umgeben, die uns stagnieren lassen und in einem langsam schrumpfenden Raum einsperren.

das Gegenteil einer solchen Lebensweise ist eine Lebenspraxis, die uns hilft, tief in uns selbst einzutauchen, Mauern niederzureißen, Verhaltensmuster abzulegen, die uns Schmerz verursachen, Lasten und Traumata loszulassen und das Universum zu entdecken, das in jedem von uns schlummert. wenn wir in unser Inneres reisen und Blockaden und Mauern abbauen, wird es uns auf ganz natürliche Weise gelingen, einen neuen, erweiterten Bewusstseinsraum zu erschaffen. wenn dann etwas in der Außenwelt passiert, haben wir den Raum und die Zeit, bedacht darauf einzugehen, anstatt durch blinde Reaktionen alte Verhaltensmuster zu wiederholen.

unser Körper trägt
die Gefühle der Vergangenheit

Heilung
schafft Raum
für das Loslassen
von Gefühlen
aus der Vergangenheit

fliehe nicht
vor dunklen Gefühlen

akzeptiere die Wut;
gib dem Schmerz den Raum,
den er braucht, um zu atmen

so lassen wir los

Erinnerung:

wenn der Körper erschöpft ist,
wird der Geist Sorgen finden
und sich daran festhalten

stelle dir diese Frage regelmäßig:

verstehe ich die Situation richtig
oder projiziere ich meine eigenen
Gefühle auf das, was geschieht?

manchmal
könnten wir explodieren –
nicht wegen irgendeiner Sache
oder um jemanden zu verletzen

sondern einfach nur,
weil wir wachsen,
loslassen,
alte Teile abstoßen,
sodass neue Gewohnheiten,
neue Lebensweisen
Raum zum Leben haben

(Häutung)

manchmal gehen tieferer geistiger Klarheit
große innere Stürme voraus

dich selbst zu heilen, ist nicht immer einfach

dich selbst ehrlich zu sehen, kann erschütternd
und hart sein; es kann dein Leben sogar für
einen Moment aus dem Gleichgewicht bringen

es ist nicht einfach, dich selbst zu öffnen
und deinen Körper von dem, was dich

belastet, wie von Dornen zu befreien.
es mag zuerst wehtun, doch am Ende
ist es zu deinem Besten

wenn die Regenwolken weiterziehen,
lassen sie neues Wachstum zurück

eine Entschuldigung an Menschen, die ich geliebt habe:

ich war nicht bereit dazu,
dich gut zu behandeln

ich wusste nicht, dass Liebe
selbstlos ist

ich wusste nicht, dass mein Schmerz
meine Handlungen beherrschte

ich wusste nicht, wie weit ich mich
von mir selbst entfernt hatte
und dass diese Entfernung
zwischen uns stand

(blindes Herz)

wenn Leidenschaft
und Abhängigkeit
zusammenkommen,
dann werden sie häufig
mit Liebe verwechselt

ich habe lange Zeit
meines Lebens versucht,
mir selbst und anderen
zu beweisen, dass ich
keinen Schmerz und
keinen Kummer kenne

manche Menschen müssen erst ganz am Boden
sein, bevor sie sich selbst von Grund auf verändern,
weil sie erst aus dieser Entfernung sehen, wer sie
wirklich sein wollen

Fragen:

bin ich ehrlich zu mir selbst?

gebe ich mir selbst den Raum, zu heilen?

bin ich mir selbst gegenüber mitfühlend und
geduldig, wenn ich meine Ziele nicht so schnell
erreiche wie erhofft?

tue ich das, was ich benötige, um zu wachsen?

Ego ist
Selbstzweifel
Selbsthass
Angst
Narzissmus
Angst vor anderen
Härte
Ungeduld
mangelndes Mitgefühl
und Illusionen

das Ego sieht Probleme

das Bewusstsein sieht Lösungen

das Ego ist nicht nur der Gedanke, dass wir besser und wichtiger sind als alle anderen; es äußert sich meistens in den Angstgefühlen, die unseren Geist ergreifen, wenn wir den Glauben an unsere Fähigkeit, Großes zu erreichen, verlieren und uns selbst mit Verachtung und Härte begegnen.

das Ego erfüllt unsere Welt mit fürchterlichen Illusionen; es lässt uns andere genauso schlecht behandeln wie uns selbst.

das Ego ist eine Wolke, die das Bewusstsein umgibt und seine Klarheit trübt. wenn wir uns selbst lieben, schrumpft unser Ego; wenn wir uns selbst reinigen und geistige Lasten ablegen, verliert das Ego seine Macht. wenn wir lernen, uns selbst zu heilen, hassen wir unser Ego nicht und geben uns auch nicht mit den Grenzen zufrieden, die es unserem Leben auferlegt. das größte Glück, das tiefste Freiheitsgefühl und endloser Frieden werden möglich, wenn das Ego uns nicht mehr beherrscht und die Liebe des Bewusstseins ungehindert fließen kann.

die Welt löst sich heute aus dem Angstgriff des Egos, befreit durch die Liebe des Bewusstseins; was uns in unserem Inneren begegnet, ist ein Mikrokosmos dessen, was der Menschheit global begegnet – darum heilen wir die Welt, wenn wir lernen, uns selbst zu lieben.

wenn du die
Länge deines
Egos misst, dann
ist es genauso lang
wie der Abstand zwischen
dir und deiner Freiheit

Abstand

wenn du
weit von dir
selbst entfernt bist,
wie kannst du jemand
anderem jemals
nahe sein?

was in unserem Inneren geschieht,
wird sich in der Energie unserer Handlungen
und Worte widerspiegeln

Ehrlichkeit schafft intime Verbindungen
und vermindert die Unruhe in unserem Leben

Unehrlichkeit schafft Distanz und Probleme,
die in der Zukunft gelöst werden müssen

wenn wir
nicht wachsen,
dann leiden wir
wahrscheinlich

es gibt nicht einen einzigen Moment ohne
Veränderung. die eine Konstante des Universums,
die Bewegung der Vergänglichkeit, kann jederzeit
in der äußeren und inneren Welt beobachtet werden.

wenn wir die Natur beobachten, dann sehen wir, dass alles
immer in einem Zustand des Wandels ist. Bäume sind dafür
ein gutes Beispiel: sie durchlaufen einen Kreislauf des Wachsens
und Loslassens und sind dabei ständig am Leben und am
Wachsen. wenn wir uns dem Wachstum verweigern, dann
handeln wir entgegen dem Fluss der Natur; und Widerstand
gegen den Fluss des Wandels kann nur zu Schwierigkeiten führen.

manchmal ruft Wachstum Schmerz hervor, doch dieser
Schmerz ist leichter auszuhalten, weil er uns dabei hilft,
zu einer besseren Version unserer selbst zu werden.

der Wille
zur Veränderung
war ein Geschenk
der Trauer

lass dich von einem trüben Geist nicht dazu
verleiten, die Vergangenheit zu wiederholen

Erinnerung:

du kannst Menschen lieben
und gleichzeitig verhindern,
dass sie dich verletzen

das am weitesten verbreitete
Leid ist der fehlende Glaube
an die eigene Kraft

so gebrochen zu sein,
so tief
g e f a l l e n
zu sein, dass
dir nur noch bleibt,
in ein neues Du
a u f z u s t e i g e n

(Phönix)

Einheit

die Heilung
nach der du
suchst
ist dein eigener Mut
dich selbst ganz
zu kennen und zu lieben

es ist nicht
über Nacht passiert,
und niemand
hat sie mir gegeben

ich bin der Ursprung
des Glücks und der Liebe,
die in mir wachsen

wachse nachhaltig,
indem du eine
Geschwindigkeit findest,
die dich heraus-,
aber nicht überfordert

wenn du große Fortschritte
machst, wirst du häufig an
deinem Wachstum zweifeln;
halte durch und erlaube
dir selbst zu erblühen

ich will die Vergangenheit
nicht verändern

sie hat mich zu dem gemacht,
was ich heute bin

ich will nur
von ihr lernen
und anders leben

loslassen
bedeutet nicht vergessen;
es bedeutet, die Energie der
Vergangenheit nicht mehr
in die Gegenwart zu tragen

Heilung beginnt mit Akzeptanz und gipfelt im Loslassen.

großes Leid begleitet uns, solange wir daran
festhalten. Abhängigkeiten entstehen aufgrund der
Energie, die wir aufbringen müssen, um unsere Erfahrungen
und Wünsche in unserem Geist und Körper verschlossen
zu halten – das ist der Ursprung der Unruhe in unserem Sein.
wenn wir an diesen Abhängigkeiten festhalten, dann werden
sie uns als Last auf unserer Reise von der Vergangenheit über die
Gegenwart in unsere Zukunft begleiten. sie können sogar lange
nach uns an unsere Nachkommen weitergegeben werden.

das Wunder unserer Selbstheilung ist so mächtig, weil wir
die Last dieser Energie durch sie nicht nur in unserer Gegenwart,
sondern auch in unserer Vergangenheit und Zukunft auslöschen.
stell dir die Zeit deines Lebens als eine Linie vor. und jetzt stell dir
die Lasten, die du mit dir herumschleppst, als eine zweite, darüber-
liegende Linie vor. wenn wir unsere Schmerzen loslassen, wird diese
zweite Linie dünner und dünner werden. was geschehen ist, kann nicht
rückgängig gemacht werden, aber die Energie, die wir aufgrund dieses
Ereignisses in uns tragen, wird die Zeitlinie unseres Lebens nicht mehr
belasten. wir sind nicht mehr abhängig von diesen schmerzhaften
Erlebnissen; sie werden zu Erfahrungen, von denen wir lernen,
zu Lektionen, die uns freier, glücklicher und klüger werden lassen.

wenn du schnell wächst
und Erfahrungen machst,
die tief genug sind,
sodass du dich selbst
oder die Welt
in einem neuen
Licht siehst,

dann sei gut zu dir selbst
und gib dir die Zeit
und den Raum,
um in deinem neuen Selbst anzukommen

(Fügung)

schaffen wir
R a u m
für tiefe Heilung
in unserer Welt

ein echtes Zeichen
von Fortschritt
ist, wenn wir uns selbst
nicht aufgrund unserer
Fehler bestrafen

du bist
durch Feuer gegangen
hast Fluten überlebt
und Dämonen
besiegt
denke daran
wenn du das nächste Mal
an deiner Kraft zweifelst

sie glaubte, dass die Wunde
in ihrem Geiste und Herzen nie mehr
heilen würde, bis sie verstand, dass
kein Schmerz und keine Wunde ewig ist,
dass alles geheilt werden kann und dass Liebe
selbst an den widrigsten Stellen
ihres Seins wachsen kann

frag dich selbst:

ist diese Sorge echt oder sucht mein
Geist etwas, an dem er sich festhalten kann?

der Geist ist eine Reihe von Verhaltensmustern

wenn wir uns selbst verändern möchten,
sollten wir neue Gewohnheiten pflegen

wenn wir neue Gewohnheiten erschaffen,
erschaffen wir ein neues Leben

wir tragen
Abhängigkeiten
und Schmerz
in unseren Körpern;
wenn wir sie loslassen,
verändern sich unsere Körper

ein Körper ist ein bewegliches Kraftfeld und ein Informationssystem. im Laufe unseres Lebens sammeln wir Abhängigkeiten, Lasten und Kummer an. wir halten sie so dicht an uns, dass sie zu einem Teil unseres Körpers werden und Blockaden und Unterbrechungen im Fluss unseres Systems erzeugen, sodass wir keinen Zugang mehr zu der besten Version unserer selbst haben – es kann sein, dass wir dadurch krank werden, den Glauben an unsere Kraft verlieren oder das Universum nicht mehr verstehen.

wenn wir reinigende Heilungstechniken anwenden, beginnt der Körper, diese Suchtknoten zu lösen, sodass unser Kraftfeld zu seinem Gleichgewicht zurückfindet und freier und energetischer schwingt. dadurch verändert sich unser Körper. dabei ist die Veränderung nicht nur physisch, indem Krankheiten geheilt werden, sondern immateriell und innerlich, indem das Selbstbewusstsein gestärkt wird und Liebe und Klugheit wachsen. tatsächlich sind Geist und Körper miteinander verbunden; sie bewegen sich als Einheit unter Anleitung unserer Gedanken.

wenn du zu lange Zeit
nicht kreativ warst,
kannst du buchstäblich krank werden

du wurdest geboren, um kreativ zu sein,
lass es fließen und mach dir nicht zu viele Gedanken

ich bin nicht vollkommen geheilt
ich bin nicht immer klug
ich bin noch auf dem Weg
wichtig ist:
ich komme voran

ich wusste, dass ich auf dem richtigen Weg bin,
als ich mich in Situationen ruhig fühlte, in denen
ich früher unruhig wurde

finde die Werkzeuge, die du brauchst, um zu heilen

je besser ich mich selbst verstehe, desto
besser kann ich dich verstehen und lieben

ein Mensch
wächst in Schönheit,
wenn er verlässt,
was ihn verletzt, und sucht,
was ihn stärkt

vergiss nie
die Menschen, die
selbst in deinen
dunkelsten Momenten
Großes in dir sahen

woher kommen gute Entscheidungen?
aus einem ruhigen Geist

wie kannst du deinen Frieden ermessen?
an deiner Ruhe inmitten des Sturmes

woher weißt du, ob du von etwas abhängig bist?
weil es deinen Geist in Unruhe versetzt

wo werden die größten Kämpfe gefochten und gewonnen?
im Herzen

weißt du, warum du stark bist?
weil du die Zukunft verändern kannst

fütter dein Feuer
reinige deine Luft
hege deine Erde
kläre dein Wasser

(Selbstfürsorge)

Fortschritt
ist, wenn wir
uns selbst verzeihen,
dass es so lange dauert,
bis wir unsere Körper
wie ein Zuhause
behandeln

in einem Leben können wir
mehrmals wiedergeboren werden

und so geht sie voran,
etwas klüger als zuvor,
mit einem Herzen, das sich
der Liebe öffnet und einem Geist,
der nach tiefer Heilung sucht

(Freisetzung)

in jedem Moment,
in dem ich meinen persönlichen
Wert nicht an den Dingen messe,
die ich tue oder besitze,
fühle ich mich
erfolgreich und frei

ein Partner,
der oder die deine Träume
und deine Heilung unterstützt,
ist ein unendlich wertvolles Juwel,
ein menschlicher Himmel

(selbstlose Liebe)

ein Held
ist jemand, der oder die
eigene Wunden heilt
und dann anderen beibringt,
das Gleiche zu tun

ich begann, meine Wahrheit
auszusprechen, als meine
Freiheit mir
wichtiger wurde
als die Angst
meines Egos

ihre Wiedergeburt war erstaunlich –
sie erhob sich aus den Tiefen
der Verzweiflung,
griff nach ihren Träumen,
legte sie in ihr Herz
und ging geradewegs in
eine Zukunft, die nur durch
ihren Willen und ihre Vision
beherrscht wurde

(neue Lebenskraft)

ich schloss meine Augen,
um sie nach innen zu richten,
und fand ein Universum,
das erforscht werden wollte

viele meiner Verwirrungen und Schmerzen haben ihren
Ursprung in meiner Abspaltung von mir selbst. meine
bisher größte Reise war die, auf der ich die Entfremdung
zwischen mir und all dem, was mich ausmacht, beendet
habe; die Reise, auf der ich mein Licht und meine Dunkelheit
verband und auf der ich das, was ich wissen wollte, mit
dem, vor dem ich weglief, vereinte. nur durch diese wahre
Vereinigung begann ich, mich in meinem eigenen Sein
zu Hause zu fühlen

(nach Hause kommen)

uns selbst zum Glück
zu zwingen, ist weder
richtig noch nützlich

die echte Herausforderung
besteht darin, ehrlich zu sein
über das, was wir fühlen,
und dabei ganz bewusst und
ruhig zu bleiben

Erinnerung:

es ist ein Zeichen von Wachstum,
wenn du deine Unzufriedenheit akzeptierst

es gibt einen wichtigen Unterschied zwischen ständigem Leid und der Erkenntnis, dass auf dem Weg der Heilung Dinge auftauchen können, die alte Gefühle und Verhaltensmuster werden, die wir verarbeiten müssen.

wenn wir die Wirklichkeit unserer Gefühle anerkennen, dann zeugt das von großer Stärke – sie nicht zu nähren oder zu verschlimmern, sondern ganz einfach anzuerkennen, dass sie in diesem Moment da sind und dass sie genauso auch wieder vergehen werden. wenn wir diesen Raum in uns selbst schaffen – einen Raum der Ruhe, der von dem Sturm nicht berührt wird –, dann wird der Sturm schneller vorüberziehen.

wahre Ehrlichkeit uns selbst gegenüber hilft uns in allen Bereichen des inneren und äußeren Lebens – es gibt keine echte Freiheit ohne Ehrlichkeit, und ohne Ehrlichkeit gibt es auch keinen geistigen Frieden.

uns selbst zu heilen bedeutet nicht, dass wir immer glücklich sind; die Glücks-Sucht ist auch eine Form von Abhängigkeit. der Versuch, uns selbst zum Glück zu zwingen, bewirkt das Gegenteil, weil er die manchmal harte Realität der Gegenwart unterdrückt und in die Tiefen unseres Seins verdrängt, anstatt sie an die Oberfläche zu holen und zu verarbeiten.

wenn wir uns selbst heilen, dann können wir die Prägungen ablegen, die unsere Freiheit begrenzen; auf dieser Reise wird es glückliche und schwierige Zeiten geben. wahres Glück und echte Klugheit erwachsen aus der Wirklichkeit unserer Erfahrung und nicht aus flüchtigen Glücksmomenten.

je mehr Liebe
in meinem Körper,
desto weniger Schmerz
kann mein Körper anderen zufügen

wer ich bin, ist immer im Wandel;
nicht, weil ich fake bin,
sondern weil ich immer offen bin
für Wachstum und Verwandlung

es hat vielleicht lange gedauert,
aber das war am Ende egal.
nach einer langen Zeit der Heilung
durch Selbstbeobachtung hatte sie
nun die Kraft, den Mut und die
Klugheit, um ihre neue Magie
einzusetzen. sie rannte nicht mehr
vor ihrem Schmerz und ihren Problemen
davon, überließ sich nicht mehr den
Illusionen, die ihren Geist umnebelten,
und sie zweifelte nicht mehr daran,
dass die tiefste Heilung aller Zeiten
aus ihrer bedingungslosen Liebe
entspringt.

(du bist die Heilung)

lieber Mond,

danke, dass du Licht in die Dunkelheit bringst, dass du
mir hilfst, mich selbst besser zu verstehen als zuvor,
dass du Zeit und Magie auf die Erde bringst und Ordnung
in die Sterne der Nacht. du bist eine Mutter, die alles sieht
und weiß, ohne je eine Gegenleistung zu erwarten.

ich vertraue allen,
die versuchen
zu wachsen

die starke Ausstrahlung von
Menschen, die keine Angst haben,
zu wachsen, frei zu sein und sich zu entfalten

finde eine Person, an deren Seite du heilen kannst

ich will eine Liebe, die nicht zerbricht,
die mir Wasser reicht,
wenn das Feuer mich frisst,
die mich aufnimmt,
wenn ich verloren bin,
die mir zeigt,
dass die Heldin,
die ich suche,
ich selbst bin

(Partnerschaft)

wahre Liebe begann, als wir
beide nichts mehr erwarteten und
uns darauf konzentrierten, zu geben

die Liebe stellt heutzutage häufig Bedingungen. das bedeutet, dass wir wollen, dass unsere Lieben unsere Vorstellungen erfüllen. manchmal erkennen wir nicht, dass unsere Hoffnungen und Erwartungen an unsere Nächsten Bedingungen an die Liebe stellen, weil wir das, was wir für sie wollen, für »gut« halten. doch wenn wir das »Beste« für sie wollen, beschränken wir, ohne es zu wissen, unsere Fähigkeit, ihnen die höchste und stärkste Form der Liebe zu geben: eine selbstlose Liebe, die sie in ihren eigenen Entscheidungen stärkt.

vieles, was wir für Liebe halten, ist eigentlich eine Form von Abhängigkeit und Erwartung. es ist nicht einfach, uns in unseren Beziehungen auf das Geben zu konzentrieren; es erfordert, dass wir uns immer wieder stärken, unseren Geist heilen und zulassen, dass unsere selbstlose Natur nach vorne tritt und zur neuen Normalität wird. wenn zwei Menschen versuchen, einander mehr zu geben, entsteht eine besondere Harmonie. zwischen ihnen erwächst eine subtile Form der Kommunikation und ein wachsendes Bewusstsein, durch das sie einander in ihrem Glück unterstützen können.

es kann sein, dass wir uns fragen: »wie kann ich mir sicher sein, dass meine Wünsche erfüllt werden?« eine bessere Frage wäre diese: »bin ich dadurch, dass ich immer nur an die Erfüllung meiner Wünsche denke, wirklich glücklicher geworden?« die glücklichsten Menschen, die ihren Geist erfolgreich von allen Prägungen und Süchten befreit haben, sind meist so sehr von einem tiefen Mitgefühl und einem Verständnis der Liebe erfüllt, dass sie ihr Leben ganz natürlich darauf ausrichten, zu geben. in diesem Geben und in der geistigen Klarheit liegt ihr Glück.

obwohl die meisten von uns ihren Geist noch lange nicht vollkommen befreit haben, ist es wichtig, zu verstehen, dass wir am stärksten sind, wenn wir geben, dass wir im Geben nicht nur die Menschen um uns herum unterstützen, sondern auch den Gesetzen der Natur folgen – alles, was wir tun, wird am Ende in irgendeiner Form zu uns zurückkommen. Wenn alle sich darauf konzentrieren, zu geben, werden wir alle mehr davon haben.

sie lagen falsch.
dieses Leid, dieser Kopfschmerz,
diese schlechten Gewohnheiten:
sie sind nicht ewig

warum? weil das Herz
aus Wasser gemacht ist und
der Geist aus Feuer –
beide sind immer im Wandel

der Wille zu heilen kann die tiefsten
Narben aus unserem Geist löschen

Fortschritt ist, dir bewusst zu sein, wenn
ein Sturm in dir wütet, und ruhig zu bleiben,
während er vorüberzieht

was bedeutet es, »in Liebe zu leben«?

es bedeutet, über den Urteilen zu stehen, sodass wir der Welt und uns selbst mit Mitgefühl begegnen. es bedeutet, zuzulassen, dass die Liebe unser Handeln leitet, sodass wir immer danach streben, sinnvolle Momente zu erschaffen, die das Gute in jedem Sein hervorbringen und den Ozean der Menschheit mit Frieden erfüllen. in Liebe zu leben ist, uns selbst zu erlauben, mit einem offenen Herzen zu leben, sodass alle an dem Geschenk unserer Güte und Freundlichkeit teilhaben können. es bedeutet, uns selbst zu fragen »wie würde Liebe diese Situation heilen?«, bevor wir handeln.

ich möchte in einer Welt leben, in der
Schmerz nicht systemisch ist, in der Liebe
die Gesellschaft organisiert, in der die Erde
respektiert wird und in der das Leben
mehr als alles andere geschätzt wird

jeder Mensch, der willens ist,
sich selbst zu verstehen,
sich selbst mit Ehrlichkeit
zu begegnen und daran zu
arbeiten, sich selbst und alle
Lebewesen bedingungslos zu
lieben, handelt heldenhaft und
vermehrt den Frieden der Menschheit

zwei Dinge sind wahr:

Menschen, die sich selbst wirklich kennen
und lieben, kennen keinen Hass

wir sind in der Erde verankert und verwurzelt,
die Erde wird durch unsere bedingungslose Liebe
geheilt und genährt

ein Mensch ist so tief wie ein Ozean,
doch die meisten von uns bleiben
ihr Leben lang an der Oberfläche

wenn wir uns entscheiden, tiefer in uns
selbst einzutauchen, setzen wir das Wunder
unserer persönlichen Entwicklung in Gang

(tiefere Heilung)

obwohl der Schmerz
mir unerträglich und
endlos erschien,
ist der Frieden, den ich
heute fühle, der Beweis,
dass das Herz heilen kann

ich war immer auf der Suche nach
Wissen, dabei strebte ich in
Wirklichkeit nach Klugheit

nicht nach Informationen, die meinen Geist
mit Details und Fakten füllen

sondern nach Erfahrungen, die mein
Sein mit Freiheit, Heilung
und dem Licht der Erkenntnis erfüllen

(Befreiung)

dann kam der Tag, an dem ich
beim Blick in den Spiegel zehntausend
Gesichter sah; in dem Moment
verstand ich, dass mein Körper
nicht nur viele Geschichten in sich
trägt, sondern dass ich auch
an mehreren Orten und Zeiten
zugleich existiere

(zeitlos)

Wiedergeburt:

der Moment, in dem Menschen
mit neuer Kraft erwachen und
beginnen, sich in Richtung
ihrer Freiheit zu bewegen

meine Mission
ist, meinen Geist
mit Klugheit zu heilen
und meinen Körper
mit Liebe zu erfüllen

erlaube dir, dich selbst so oft
zu verwandeln, wie du es brauchst,
um glücklich und frei zu sein

die Bewegung nach innen kann wie folgt zusammengefasst werden: wir beobachten uns selbst, wir akzeptieren, was wir finden, ohne zu urteilen, wir lassen es los und mit diesem Loslassen beginnt unsere Verwandlung.

wir sind ständig im Wandel, aber wenn wir uns auf unsere Heilung konzentrieren, können wir unsere Veränderung in die Richtung lenken, die wir uns wünschen; das sind die Momente, in denen wir uns unserer Kraft wieder bewusst werden. jedes Mal, wenn wir uns selbst erkennen, kehren wir als neuer Mensch zurück.

alles, was uns beruhigt und unseren Geist fokussiert, hilft uns, alte Lasten, die uns bedrücken, loszulassen. es kann schon ausreichen, sich nach innen zu wenden, doch wenn wir erprobte Heilungstechniken anwenden, wie beispielsweise Meditation oder Yoga, dann können wir die Veränderung beschleunigen.

verschiedene Techniken erreichen unterschiedliche Ebenen des Geistes. letztendlich musst du die Praxis finden, die dich heraus-, aber nicht überfordert und mit der du die Ergebnisse erzielen kannst, die in diesem Moment für dich die richtigen sind. sobald wir Fortschritte machen, können wir auf schärfere Werkzeuge zurückgreifen, die eine tiefere Heilung bewirken. alles, was das Unterbewusstsein unseres Geistes heilen und Raum für Liebe schaffen kann, hat die Kraft, unser Leben grundlegend zu verändern.

denke in schwierigen Zeiten daran, dass wir nichts Kleines errichten, sondern einen Palast des Friedens in unseren Herzen. es braucht Entschlossenheit und großen Einsatz, um etwas so Schönes und Großes zu vollbringen.

um dich selbst zu verändern, musst du schrittweise
vorgehen. konzentriere dich zuerst auf wenige Dinge.
es ist wichtig, dass du dich gut vorbereitest.

wenn du versuchst, zu viele Dinge auf einmal zu
verändern, kann es sein, dass du dich überforderst.
wenn du an ein paar wenigen Veränderungen arbeitest
und sie in deinem Leben umsetzt, bis sie zu neuen,
positiven Gewohnheiten werden, dann können deine
zukünftigen Verwandlungen auf einem starken Fundament
aufbauen. indem du dich auf den Erfolg einstellst, sammelst
du Energie; so wird dir dein zukünftiges Streben nach
größeren Zielen viel leichter fallen.

Ziel:

finde das Gleichgewicht
und sei gleichzeitig
produktiv
und geduldig

Loslassen ist eine Medizin,
die das Herz heilt

Loslassen ist eine Gewohnheit,
die Geduld erfordert

Loslassen ist am einfachsten,
wenn du fühlst, nicht wenn du denkst

du fühlst eine Schwere, wenn du an Gefühlen festhältst,
die eigentlich schnell wieder weiterziehen sollten. es ist
nicht einfach, loszulassen, besonders wenn Abhängigkeit
das Einzige ist, was wir kennen. wir wollen, dass die Dinge
für immer sind und verwandeln kurze, schwierige Momente
in lang anhaltenden Schmerz, einfach weil wir nicht gelernt
haben, loszulassen. wir haben nicht gelernt, dass die Schönheit
des Lebens aus der Veränderung kommt. loslassen bedeutet nicht,
dass wir vergessen, und es bedeutet nicht, dass wir aufgeben. es
bedeutet einfach nur, dass wir unser Glück weder von Dingen,
die in der Vergangenheit geschehen sind, noch von Dingen,
die wir uns für die Zukunft wünschen, bestimmen lassen.

das Wunder der Selbstheilung
ist kein Mysterium; es kommt
mit dem Mut, der Hingabe und
der Ausdauer, die uns von Schmerz
befreien und inneren Frieden bringen

ich prüfte meine Gewohnheiten
und begann, diejenigen abzulegen,
die mir niemals Freiheit
und Freude bringen werden

ich nehme mir mehr Zeit für Menschen,
die mich dazu bringen, das Beste
aus mir herauszuholen

als ihre Liebe wuchs, lernte sie, das Unsichtbare zu sehen und die ewige Weisheit zu hören. den Weg zur Freiheit zu beschreiten, hatte sie verändert; obwohl sie noch immer schwierige Zeiten durchmachte, fühlte sie zu jeder Zeit die Einheit in ihrem Körper. jetzt, da sie ihr Leben auf der Wiese zwischen der Sterblichkeit und dem Unendlichen verbrachte, fühlte sie, dass der Raum in ihrem Herzen auch das Herz der Erde und das Herz des Universums war.

(Bewusstsein)

~~danke, dass du mich glücklich machst~~

danke, dass du mein Glück förderst

Einheit

ich bin
am stärksten,
wenn ich
ruhig bin

es sind die Dinge,
zu denen du Nein sagst,
die wirklich zeigen,
wie sehr du
wachsen willst

wenn alles um dich herum im Chaos
versinkt, ist es am klügsten, Frieden
in deinem Inneren herzustellen

dein Frieden strahlt nach außen
und fördert die Entstehung
einer neuen Harmonie

(Meditation)

wir leben in einer besonderen Zeit, in der Angst und Hass an die Oberfläche kommen und verarbeitet werden können. daher können wir heute eine neue Welt erschaffen, in der institutionalisierte Formen des Leids nicht länger unser Leben bestimmen. was für das Individuum funktioniert, funktioniert auch für die menschliche Gemeinschaft – weder können wir das, was wir ignorieren, heilen, noch können wir glücklich und frei leben, wenn wir weiter vor unserer eigenen Dunkelheit davonlaufen.

ich persönlich glaube an die Menschen. wenn wir mutig in uns gehen in der Hoffnung, verstehen und loslassen zu können, was uns an der Entfaltung unserer bedingungslosen Liebe hindert, dann werden wir Harmonie und Frieden in diese Welt bringen. Einheit mit den Menschen um uns ist am ehesten möglich, wenn wir in unserem Inneren ganz sind und voller Liebe. Klugheit wird einfach durch uns fließen, wenn unsere Geister und Herzen nicht mehr auf das Leid des Alltags reagieren. das bedeutet nicht, dass wir kalt und mitleidlos werden; es bedeutet, dass wir lernen, ruhig auf die unvermeidbaren Veränderungen des Lebens zu reagieren, ohne uns selbst zu verletzen. wir werden lernen, dem Leben zu begegnen, anstatt blind zu reagieren.

Menschen beeinflussen einander auf eine Weise, die die Welt gerade erst zu verstehen beginnt. sobald wir damit anfangen, uns selbs zu heilen, senden wir Wellen aus, die uns mit all jenen verbinden, die sich in der Vergangenheit geheilt haben oder in der Zukunft heilen werden. wenn wir uns selbst heilen, dann stärken wir all jene, die Unterstützung bei ihrer eigenen, heilenden Reise brauchen. unsere Handlungen haben einen Nachhall in Raum und Zeit – wie wenn ein Stein in einen See fällt und Wellen in alle Richtungen aussen

als sie in ihre Vergangenheit blickte,
bemerkte sie, dass ihre Reise
keiner geraden
Linie folgte. die Reise, die
sie zur vollkommenen Liebe
ihr selbst und der Welt gegenüber
führte, war voller Fort- und
Rückschritte, Wendungen,
Kurven, Umwege und
sogar einigen Pausen. manchmal
zweifelte sie an ihrem Fortschritt,
an ihren Fähigkeiten, und sogar an
ihrer Kraft. doch heute, mit der
Klugheit der Erfahrung, weiß sie,
dass sie diesen Punkt ohne jeden
einzelnen ihrer Schritte
niemals erreicht hätte.

(Erfahrung)

ernsthafte Veränderung
beginnt mit zwei Verpflichtungen:

mit dem *Mut,* neue Dinge auszuprobieren
und neue Handlungsweisen zu finden

mit der *Ehrlichkeit,* die nötig ist, um uns
nicht mehr vor uns selbst zu verstecken und anzulügen

die Menschen,
die die Kraft zur
bedingungslosen Liebe
besitzen, werden
unseren Planeten
heilen und retten

(ein neues Gleichgewicht)

Zwischenspiel

es war einmal eine Frau, die in einer kleinen Stadt in der Nähe eines hohen Berges lebte. sie hatte ihr ganzes Leben in ihrer geliebten Stadt verbracht. jeder und jede in der Gemeinschaft schätzten sie sehr und mochten ihre freundliche und ruhige Art. sie lebte ein ruhiges Leben und arbeitete wie jede andere normale Person.

wer ihr nahestand, wusste, dass sie regelmäßig meditierte und einige stille Stunden am Tag damit verbrachte, tief in ihr Inneres zu blicken. wenn man sie fragte, warum sie die Meditation so ernst nahm, dann antwortete sie einfach: »ich lerne gerne, und Frieden ist mir wichtig.«

die Zeit verging, ihre Ruhe wuchs und in ihren Augen lag nun eine heilige Aura – doch nur wenige bemerkten diese große Veränderung in ihrem Inneren. eines Tages erzählte sie ihren Nächsten, dass sie die Stadt bald verlassen würde, um allein in der Nähe des Berggipfels zu leben. als man sie fragte, warum sie fortging, sagte sie nur: »es ist Zeit für mich, meine Freiheit ganz zu entfalten.« manche versuchten, sie davon abzuhalten, doch die meisten vertrauten ihr und fanden Ruhe in dem Wissen, dass der Berg in der Nähe war.

Ein Jahrzehnt verging schnell und ruhig. Die Menschen begannen, an sie zu denken wie an einen Schutzengel, weil die Stadt ruhiger und reicher geworden war, seit die Frau hoch auf dem Berg lebte; sie stellten sich vor, dass das an der guten Energie lag, die die Frau ihnen regelmäßig sandte.

es lebte eine Gruppe junger Menschen in der Stadt, die sich vage an diese Frau, die langsam zu einer lebenden Legende wurde, erinnerten. sie waren neugierig und hungrig nach der Weisheit einer Person, die vollkommene Freiheit erreicht hatte. die ganze Stadt wusste, dass die Frau dieses

Ziel erreicht hatte. die jungen Menschen hatten sie seit ihrer Kindheit nicht mehr gesehen, doch sie hatten Geschichten von Menschen gehört, die ab und zu den Berg erklommen, um sie zu besuchen. diejenigen, die sie dort getroffen hatten, kehrten beflügelt und verjüngt in die Stadt zurück.

eines Tages sammelten die jungen Menschen all ihren Mut und beschlossen, dass es an der Zeit war, sie zu besuchen. sie ordneten ihre Fragen, packten leichte Taschen für einen kurzen Ausflug und machten sich auf den Weg in Richtung des Berges, in der Hoffnung, an der Klarheit der Frau teilhaben zu können.

das Folgende sind einige der Fragen der jungen Menschen und die Antworten der freien Frau.

sie fragten sie:

»wie hast du dich selbst befreit?«

sie antwortete:

»indem ich meine eigene Kraft ergriff.«

sie fragten sie:

»was bedeutet es, sich selbst zu lieben?«

sie antwortete:

»es bedeutet, alles zu enthüllen und loszulassen, was dich von deinem wahren Glück fernhält; jeden einzelnen Teil von dir zu lieben, zu schätzen und zu akzeptieren, besonders die Teile, die sonst im Dunkeln liegen. es bedeutet, dich selbst ständig mit größter Ehrlichkeit und ohne zu urteilen zu beobachten. dich selbst zu lieben bedeutet, dich selbst zu verstehen und die Klugheit des inneren Friedens zu pflegen.«

sie fragten sie:

»was ist der Schlüssel zur Rettung der Welt?«

sie antwortete:

»du. du bist der Schlüssel. heile dich selbst, kenne
dich selbst, werde ganz und frei. lass alles los, was dich
begrenzt, sodass deine Liebe dir selbst und der Welt
gegenüber bedingungslos fließen kann. so wird sich
der Himmel deines Herzens öffnen und dich leiten.«

sie fragten sie:

»warum leben wir in einer Zeit
voller Leid und Verzweiflung?«

sie antwortete:

»weil ihr gerufen wurdet. die Erde hat nach Heldinnen und Helden gesucht, und der Himmel hat diejenigen entsandt, die am ehesten bereit dazu waren, zu wachsen und ihre bedingungslose Liebe zu entfalten. ihr seid hier, um das Licht eurer eigenen Heilung erstrahlen zu lassen und der Welt euer Gleichgewicht und euren Frieden zu schenken.«

sie fragten sie:

»bist du reich?«

sie antwortete:

»ja. es hat Jahre gedauert, doch steht in meinem Herzen ein Palast, den ich aus Erkenntnis, Ruhe und Weisheit errichtet habe.«

sie fragten:

»was ist wahre Stärke?«

sie antwortete:

»wahre Stärke ist, zu realisieren, dass du deine eigene Heilerin, Heldin und Anführerin bist. Stärke ist, wenn du deine Wahrheit mit Mitgefühl und Frieden teilst. du wirst stärker, wenn du freier und klüger wirst. die wirklich Starken verletzen weder sich selbst noch andere; stattdessen nutzen sie ihre Energie, um ihre Liebe mit allen um sie herum zu teilen.«

Selbstliebe

Selbstliebe
ist der Anfang:
ein Herzstück,
das dir und allen Wesen
die Tür zur bedingungslosen
Liebe öffnet

Selbstliebe ist die ehrliche
Anerkennung der Vergangenheit

das Versprechen, das Beste
aus der Gegenwart zu machen

und der Wille, zuzulassen, dass
in Zukunft das Beste geschieht

(von ganzem Herzen)

Selbstliebe
ist die Nahrung,
die uns die Klarheit
und Kraft gibt,
um andere zu lieben

Selbstliebe ist persönliche Entwicklung in Aktion

ehrlich zu
dir selbst zu sein
ist ein Akt der
Selbstliebe

Selbstliebe bedeutet:
Raum zu schaffen
in deinem Leben für die
Heilung deines Körpers
und deines Geistes

verwechsle Selbstliebe nicht
mit dem Gedanken, dass du
besser bist als alle anderen

wahre Selbst-Liebe bedeutet, dich
selbst als Ganzes zu akzeptieren,
besonders deine dunkelsten Seiten

je mehr wir uns selbst lieben, desto schneller wird
unser Leben von Reichtum und Wundern erfüllt sein

Selbstliebe hat die Macht, Blockaden zu brechen

durch Selbstliebe bereisen wir das Universum

Selbstliebe bedeutet, an unserer
eigenen Freiheit zu arbeiten

Selbstliebe beginnt, wenn wir uns selbst und die Geschichte, die wir in uns tragen, anerkennen. doch das ist noch nicht alles. Selbstliebe ist eine Energie, die wir für unsere persönliche Entwicklung nutzen; sie ist der Treffpunkt und das Gleichgewicht zwischen zwei wichtigen Gedanken: uns selbst zu lieben, wie wir sind, und gleichzeitig zu versuchen, uns in die beste Version unserer selbst zu verwandeln. diese Gedanken scheinen sich zwar zu widersprechen, doch beide sind unerlässlich für den Erfolg. ohne dies anzuerkennen wäre unsere Verwandlung in ein glücklicheres und freieres Selbst sehr schwierig. warum? weil es viel schwieriger ist, etwas zu verändern und loszulassen, das wir hassen.

Selbstliebe hilft uns dabei, tief in uns selbst einzutauchen und die Muster in unserem Unterbewusstsein loszulassen, die unser Verhalten und unsere Gefühle beeinflussen. wahre Selbstliebe ist, wenn man versteht, dass die Reise ins Innere der Weg der Freiheit ist, dass wir unsere inneren Lasten beobachten und loslassen müssen, um uns leichter zu fühlen und bewusster zu werden. Selbstliebe ist kein Ego-Trip – ganz im Gegenteil. in unserem Ego liegen die Süchte, die der Ursprung unseres Leids sind. die unersättlichen Süchte, um die unser Ego kreist, sind das größte Hindernis für unsere Freiheit.

wenn wahre Selbstliebe
für alle Lebewesen
das Tor zur
bedingungslosen Liebe ist,
müssen offenbar
viele Menschen
in unserer Welt
an einem Mangel an
Selbstliebe leiden

(der fehlende Frieden)

deine
Selbstliebe
ist
Medizin
für die Erde

deine Selbstliebe
wächst mit
den Wellen der
Veränderung,
die du erschaffst

das Schöne an
der Selbstliebe
ist, dass sie
zu der bedingungslosen
Liebe heranwachsen kann,
die alles Leid beendet

durch Selbstliebe finden wir die Entschlossenheit und den Mut, um in aller Ehrlichkeit tief in uns selbst zu blicken. diese Bewegung ins Innere verwandelt und stärkt unser Selbstbewusstsein, unser Verständnis des Universums und unsere individuellen Fähigkeiten. ein schöner Nebeneffekt dieses Prozesses ist, dass unser neues Mitgefühl nicht bei uns selbst endet; es erblüht und fließt nach außen in das Leben der anderen und kann unter den richtigen Voraussetzungen alle Lebewesen erfassen.

dieses wachsende Mitgefühl wird zum Mittelpunkt und aktiven Teil einer Liebe, die keine Grenzen kennt. diese bedingungslose Liebe uns selbst und anderen gegenüber respektiert unsere Individualität und stärkt uns, weil sie nicht zulässt, dass irgendjemand uns verletzt. durch diese grenzenlose Liebe erhalten wir eine neue Anmut. dadurch lernen wir uns selbst und alle anderen Lebewesen besser kennen und verstehen, woher sie kommen. diese Liebe gibt uns die Kraft, immer herzlich zu sein und allen Lebewesen ein Leben ohne Leid zu ermöglichen.

bedingungslose Liebe kann unsere Welt wieder ins Gleichgewicht bringen. die Klarheit, die durch sie entsteht, kann uns helfen, die Wurzel des Übels zu erkennen und zu zerstören, sodass alle den äußeren Frieden haben, den es braucht, damit man an seiner eigenen inneren Befreiung arbeiten kann. das Leid, das durch Gier und Widerstände entsteht, kann durch eine Liebe ersetzt werden, die uns dazu motiviert, anderen immer wohlgesinnt zu sein. um unsere Welt so zu verändern, werden viele die innere Arbeit verrichten müssen, die nötig ist, um sich selbst zu heilen. sie müssen ihre inneren Lasten loslassen und einen Raum schaffen, in dem ihre Selbstliebe frei atmen kann, um sich zu bedingungsloser Liebe zu erweitern.

je mehr von uns ihr Ego ablegen, desto eher wird sich auch die Welt mit uns verändern und von der Gier befreit werden, die im Zentrum des Ungleichgewichts liegt, das unsere Zeit prägt. unsere Liebe als Menschheit muss nicht vollkommen bedingungslos sein, damit die Welt sich verändert – jedes Mal, wenn unsere kollektive Liebe wächst, wird die Zukunft etwas besser.

Verstehen

dich selbst zu heilen, wird dir mehr abverlangen

mehr Ruhe
mehr Loslassen
mehr Selbstliebe
mehr Zeit zum Lernen
mehr Raum für Verwandlung
mehr Ehrlichkeit über deine Gefühle
mehr Mut, etwas Neues auszuprobieren
mehr Zeit, um deine innere Ruhe zu pflegen
mehr Vertrauen in dich selbst und den Prozess
mehr Zeit, um gute Gewohnheiten zu entwickeln

was du üben und verinnerlichen musst:

bedingungslose Akzeptanz deiner selbst
dich selbst und andere nicht verletzen
Geduld ohne Selbstgefälligkeit
Geben ohne Wollen

ich kann dich
nicht glücklich machen,
aber ich kann dich
bei der Schaffung
deines eigenen Glücks
unterstützen

zu erwarten, dass jemand anders all unsere Probleme löst und uns glücklich macht, ist, als wollten wir den Sonnenaufgang sehen, ohne die Augen zu öffnen; als bäten wir den Fluss, uns zu nähren, ohne die Hände ins Wasser zu halten. nur wir können dieses Rätsel, das für unseren Geist bestimmt ist, lösen. das Universum versucht, uns zu erleuchten und zu ermächtigen, daher sind wir die Einzigen, die uns heilen können.

das Glück scheint flüchtig zu sein. sosehr wir uns auch anstrengen: das Glück kommt und geht, egal, was in der Außenwelt vor sich geht. das Leben ist ein Meer, das zwischen Ruhe und Stürmen hin und her wogt. entweder bereitet uns etwas in der Außenwelt Probleme, oder etwas wird aus unserem Inneren auftauchen, um verarbeitet zu werden. ein Mensch ist eine Ansammlung von Abneigungen und Süchten, die immer wieder aus den Tiefen unseres Geistes auftauchen, damit wir die Möglichkeit haben, sie zu verarbeiten. warum? weil es nicht in unserer Natur liegt, Lasten mit uns herumzuschleppen; wir wollen leicht, frei und offen sein für die Harmonie der Liebe und die Weisheit des Universums.

auch wenn das Glück kommt und geht, können wir unsere Glücksmomente vertiefen und diese himmlischen Momente so lang wie möglich auskosten. dafür müssen wir unsere Verbindung zu uns selbst verbessern, um herauszufinden, was unserer Zufriedenheit im Weg steht und unser Sein davon zu befreien.

mach mitten auf
deinem Weg des inneren Wachstums
auch mal Pausen

Liebe ist nicht:

ich gebe dir dies,
wenn du das für mich tust

Liebe ist:

ich gebe dir dies,
damit du erstrahlen kannst

wahre Liebe schmerzt nicht; Abhängigkeiten schmerzen

Liebe verursacht keinen Schmerz; Abhängigkeiten aber schon. wir machen unseren Geist abhängig, wenn wir an etwas oder jemandem festhalten, oder wenn wir erwarten, dass alles nach unseren Wünschen läuft. wir fühlen tief in unserem Inneren einen Riss, wenn die Abhängigkeiten in unseren Geistern aufbrechen. wie tief wir diesen Riss spüren, hängt davon ab, wie stark wir uns mit dem Bild identifizieren, das wir erschaffen haben. wenn Dinge geschehen, die nicht mit unseren inneren Bildern übereinstimmen, dann leiden wir darunter, dass unsere Abhängigkeiten unter Druck gerat und zerstört werden.

Abhängigkeiten sind keine Form von wahrer Liebe. bedingungslose Liebe, selbstlose Liebe, eine Liebe ohne Erwartungen ist eine höhere Form des Seins, die keine Abhängigkeiten oder falschen Vorstellungen hervorbringt. sie ist ein tiefer Zustand ohne Ego. Erwartungen und Urteile sind Abhängigkeiten, die der ungeübte Geist immer wieder erzeugt. dadurch vermehren sich die Knoten und Lasten, die unserem Glück im Weg stehen. der typische menschliche Geist wird von egoistischen Illusionen verdunkelt; das Ego trennt, kategorisiert und benennt alles und verursacht dadurch Unzufriedenheit und Missverständnisse.

geistige Unruhe entsteht, wenn wir nicht loslassen

Stress und Angst sind die Kinder der Abhängigkeit; beide sind Suchtformen, die uns von der Gegenwart in eine Welt der Illusionen fortführen, die uns unseren Frieden raubt.

das Wollen unterbricht immer das Sein

Frieden macht dich stark
Hass enthüllt deine innere Leere
Freundlichkeit nährt dein Glück
Wut enthüllt deine Angst
Liebe macht dich frei

wie du dich selbst anleiten kannst:

1. pflege deine Intuition

2. habe den Mut, ihr zu folgen

ich kann dir
nur das geben,
was ich mir selbst
schon gegeben habe

ich kann die Welt
nur so sehr verstehen,
wie ich mich selbst
verstehe

während sie im Ozean der Weisheit
ihres Herzens schwamm, verstand sie,
dass all dies ein Teil von ihr war, den
niemand ihr nehmen konnte. sie flüsterte
friedlich: »ich bin alles«, und realisierte in
diesem Moment, dass ihre größte Kraft schon
immer ihre Fähigkeit sich selbst zu lieben war.

Vollkommenheit ist,
wenn Lügen nicht mehr
zwischen dir und
dir selbst stehen

wie du dein Leben verbessern kannst:

1. mach Selbstliebe zu deiner höchsten Priorität

2. erlerne Methoden der Selbstheilung

3. schaffe Raum für deine tägliche Heilung

4. wisse, dass alles immer im Wandel ist

5. sei nett, liebevoll und ehrlich zu allen

ich bin nicht
hier, um
zu wetteifern

ich bin hier,
um zu wachsen
und frei zu sein

wir können im Wettstreit mit anderen nur verlieren, weil wir vergessen, dass das Leben kein Wettlauf ist, der gewonnen werden kann, sondern eine Reise, auf die wir uns begeben, um unseren inneren Frieden und Weisheit zu finden. wenn wir uns von unserem Ego leiten lassen, dann erschaffen wir in unserem Geist einen Wettbewerb, den es gar nicht gibt. durch die Hierarchien der Gesellschaft und unsere Abhängigkeit vom »ich«, »mir« und »mich« entsteht ein Szenario, in dem nur wenige erfolgreich sind.

weil unsere Welt auf Wettbewerb aufbaut, leidet die Menschheit – wir dachten, dass wir gewinnen müssen, dass wir einander Leid zufügen müssen, um zu überleben. doch in dem Moment, in dem wir uns dieser Vorstellung überlassen haben, begannen wir, uns in großen Schritten von unserer individuellen und kollektiven Freiheit fortzubewegen.

es ist schwierig, aber notwendig, uns von diesen Gewohnheiten zu lösen, weil unser Glück und unsere innere Sicherheit wächst, wenn wir das »Ich« des Egos und die Illusion des Wettbewerbs ablegen. die Klugheit der Liebe zeigt uns, dass das individuelle und kollektive Leben wiedergeboren und neu organisiert werden muss, damit das Wohlergehen aller, nicht nur weniger, gesichert ist. Liebe lehrt uns, dass wir nicht hier sind, um zu konkurrieren, sondern um einander im Wachstum und im Glück zu unterstützen.

bedingungslose Liebe kennt keine Feinde

mein Glaube
an eine bessere Zukunft
hängt an den Menschen,
die die Vorstellung von
bedingungsloser Liebe
zu einer Lebensweise machen

wenn du wissen willst,
wie frei du bist,
dann frag dich selbst:
»wie weit reicht
meine Liebe?«

es gibt einen Pfad,
auf dem wir nicht mehr
zulassen, dass irgendjemand
uns verletzt, und auf dem wir
gleichzeitig alles, was ist,
bedingungslos lieben

Angst will kontrollieren
Rache verlängert den Schmerz
Feindschaft zerstört den Frieden
Mitgefühl ermöglicht Heilung
Ehrlichkeit befreit von Lasten
Glück erwächst beim Loslassen

Einsamkeit
wird nicht
verschwinden,
solange wir weit
von uns selbst
entfernt bleiben

wiederhole dies jeden Tag:

achte auf die Geschichten, die deinen Geist beschäftigen

lass jene los, die dich unter Druck setzen

manchmal sollen Menschen dir einfach zeigen,
wie du dich in Zukunft nicht verhalten sollst

jeder und jede ist ein Lehrer oder eine Lehrerin,
aber das bedeutet nicht, dass alle recht haben.

wir sind unzählige Male in unserem Leben ein gutes Beispiel für andere gewesen, und viele andere Male sind wir kein gutes Beispiel gewesen. wenn wir unsere eigenen Fehler anerkennen, dann hilft uns das dabei, allen Menschen mit Mitgefühl und auf Augenhöhe zu begegnen.

nur weil jemand einmal falschlag, bedeutet das nicht, dass er oder sie immer falschliegt. und nur weil wir denken, dass jemand unrecht hat, bedeutet das nicht, dass wir automatisch recht haben. meistens haben wir nicht alle Informationen, die nötig sind, um eine objektive und universelle Perspektive einzunehmen.

es ist wichtig, sich zu erinnern, dass wir alle Fehler machen und dass die Perspektiven unserer aller Leben durch das Ego begrenzt sind.

es ist ein Zeichen von Klugheit, wenn wir versuchen, so viel wie möglich von anderen zu lernen, ohne harte und unveränderliche Urteile zu fällen.

Mensch zu sein
bedeutet, Chancen
weiterzugeben
und Vergebung
zu erfahren

ich bin nicht sicher, wann ich
vollkommen frei und geheilt
sein werde, aber ich weiß, dass
ich es klarer fühlen werde als
alles, was ich bisher in meinem
Leben gefühlt habe

sie ist eine Entdeckerin,
die keine Angst davor hat,
ihr Herz und ihren Geist zu bereisen. sie ist
bereit, neue Räume der Heilung zu erforschen –
sie legt ab, was sie belastet, und verbreitet
Weisheit überall dort, wohin ihr Bewusstsein
sie trägt.

die stärksten
Menschen,
denen ich je
begegnet bin, sind
jene, die sich selbst
kein Leid zufügen

die Vorstellung,
dass deine Wünsche
in Erfüllung gehen,
wenn du sie loslässt

auf unser Ziel hinzuarbeiten und es gleichzeitig loszulassen, scheint ein Widerspruch zu sein, doch nur so können wir schnell erreichen, wonach wir uns sehnen. loslassen heißt nicht, aufzugeben; es heißt, sich elegant hin und her zu bewegen zwischen dem Versuch, die gewünschte Realität wahr werden zu lassen, und dem Versuch, das eigene Glück nicht von etwas beherrschen zu lassen, das noch nicht erreicht wurde. wenn wir abhängig bleiben, fühlen wir uns eher gestresst oder traurig. dadurch entsteht eine Unruhe in uns, die uns daran hindert, unsere Wünsche zu erfüllen.

Manchmal bekommen wir, was wir wollen, obwohl wir nicht loslassen können; aber in solchen Fällen wird es uns schwererfallen, das, was wir wollen, zu behalten. daher kann es passieren, dass unser Leid noch größer wird, weil wir so niemals verstehen, was unserer Unruhe zugrunde liegt: unsere Unfähigkeit, uns über das zu freuen, was wir haben.

was bekommen wir, wenn wir die Vergangenheit und die Zukunft loslassen? innere Ruhe. Frieden unabhängig von der Außenwelt in uns zu stiften, ist die höchste Form der Freiheit, die Segen, Wunder und Erfolge in unserem Leben fließen lässt. Glück und Dankbarkeit ziehen einander an; wer nicht nach mehr verlangt, macht den Weg frei für den Fluss des Neuen.

Wasser lehrt Anpassung und Kraft
Erde entfaltet Stärke und Gleichgewicht
Luft singt von Intelligenz und Mut
Feuer spricht von Taten und Wachstum

der Geist
ist ein Garten;
was wir in ihm
pflanzen, wird unseren
Reichtum bestimmen

schlechte Vibes
können dich nicht verletzen,
wenn dein Gleichgewicht
und deine Liebe stark sind

manchmal
gehen wir zurück und
wiederholen Fehler aus der
Vergangenheit, nur um uns
daran zu erinnern, warum wir
sie hinter uns gelassen haben

dir selbst den Raum
und die Zeit zu geben,
um dich auf etwas einzustellen,
anstatt blind zu reagieren,
ist wichtig, um dich auf
deine Kraft zu besinnen

der Körper weiß, was er braucht;
hör auf ihn – nicht auf die Süchte
des Geistes, sondern auf die Bedürfnisse
des Körpers – lass dich von ihm leiten

(intuitive Heilung)

deine Freunde,
die den Mut haben,
ihre Klugheit und ihre
Selbsterkenntnis zu erweitern,
sind etwas Besonderes;
bleib bei ihnen

die Kräfte des
Universums helfen
jenen, die an ihrer
eigenen Heilung
arbeiten

ein friedlicher Geist
hat die Macht,
eine friedliche Welt
zu erschaffen

wenn der Geist sich wild und trüb anfühlt,
kann es sein, dass etwas aus dem tiefsten
Inneren an die Oberfläche gekommen ist,
eine alte Last, die verarbeitet werden will.
atme, beruhige dich und lass los.

(Stürme)

Geistige Gesundheit ist, sich zu weigern, andere zu verletzen

ich hielt meine Angst bei der Hand,
schätzte ihre Anwesenheit und dankte
ihr für die Lektion, dass jenseits
ihrer Grenzen das Glück existiert

freie
Menschen
werden von
niemandem beherrscht,
außer von sich selbst

soziale Bewegungen verändern die Welt. doch es ist genauso wichtig, Teil einer Bewegung zu sein oder eine Bewegung ins Leben zu rufen, die nach einer Welt strebt, in der die Menschenrechte für alle gelten – eine Welt, in der es keine systemische soziale und wirtschaftliche Unterdrückung mehr gibt –, wie es wichtig ist, an unserer eigenen inneren Bewegung zu arbeiten, die sich darauf konzentriert, die Gier, den Hass und die Angst in uns zu heilen, die so viel Chaos in unser Leben bringen und die die Wurzel allen gesellschaftlichen Übels sind.

jede Gesellschaft ist eine Ansammlung von Individuen, mit einem eigenen Glauben und Willen. sie schreiben die Geschichten fort, die aufeinandertreffen und so die Welt erschaffen, die wir kennen. wenn die Geschichten, an die wir glauben, sich verändern und wenn wir verstehen, dass wir, wenn wir andere verletzen, uns selbst verletzen – und zwar ganz real, so wie Wasser gut für den Körper ist und Gift schlecht –, dann werden wir uns schnell in einer neuen Welt wiederfinden.

Genuss kann das Herz nicht erfüllen
Hass kann dich nicht in Sicherheit bringen
Wut kann dich nicht befreien
nur Liebe kann die Leere füllen
nur Liebe kann Frieden bringen
nur Liebe kann befreien

Liebe
ist die stärkste
und wendigste
Form von Magie

Liebe
ist das stärkste
Baumaterial
des Universums

nicht nur
die Liebe
zwischen Menschen,
sondern die Liebe,
die dir die Kraft gibt,
dich selbst
zu heilen
und die Welt zu verändern

beide wissen, dass sie nicht zusammen sind, um einander zu vervollständigen, dass nur sie selbst für ihr Glück verantwortlich sind. dennoch hat das himmlische Band zwischen ihnen einen höheren Sinn; es gibt ihnen die Zeit und den Raum, um einander so sehr zu lieben, dass die Anspannung aus ihren ungeliebten Herzen verschwindet. ihre Liebe füreinander ist kein Ziel, sondern Zweck. sie hilft ihnen auf ihrem Weg der Heilung, sie nährt sie und stärkt ihre Geister, sodass sie beide innerlich so weit reisen können wie möglich, sodass sie beide über die Grenzen hinausgehen können, die den Fluss ihres Glücks aufhalten, sodass sie beide frei in den Gewässern der Klugheit schwimmen und das Universum verstehen können.

(Liebe ist der Schlüssel)

»›Stärke‹? was meinst du mit ›Stärke‹?«

»ich meine damit die Stärke deines inneren Friedens, wie ehrlich du dich selbst beobachten kannst, ohne zu urteilen, wie grenzenlos deine Liebe für dich selbst und alle Lebewesen ist und wie sehr du willens bist, das Beste aus dir herauszuholen.«

Mut
+
Loslassen
+
Selbstliebe
=
ein wachsendes Bewusstsein

je mehr wir lernen,
uns selbst zu kennen
und zu heilen, desto
besser werden wir darin
sein, die Welt genau zu
erforschen und sie
effektiver zu heilen

dich selbst mit Liebe zu heilen,
ist ein langwieriger Prozess

die Welt mit Liebe zu heilen,
ist ein langwieriger Prozess

ich rebelliere, indem ich mehr liebe

immer wenn von uns gefordert wird, unsere Liebe zu begrenzen, unsere Liebe zu filtern, unsere Liebe auf bestimmte Aspekte von uns oder auf bestimmte Menschen zu beschränken, tun wir uns selbst keinen Gefallen, wenn wir dieser Forderung nachkommen, weil jede Liebe, die zurückgehalten wird, uns in Unruhe versetzt.

die Normalität endloser Kriege, die sich auftürmende Armut, die verschiedenen Formen der Gewalt, die unsere Wirtschaft braucht, um zu wachsen, und die Gleichgültigkeit, mit der wir dem allem begegnen sollen, sind erdrückend und immer präsent. wenn wir an das Glück denken, ist es wichtig, dass wir uns in Erinnerung rufen, dass wir alle in einem Boot sitzen. wer heute lebt, kennt keine Welt, in der nicht große Teile der Menschheit um die Erfüllung ihrer grundlegendsten Bedürfnisse fürchten oder dafür kämpfen müssen, wie Menschen behandelt zu werden – wir Menschen haben die unheimliche Fähigkeit, bewusst oder unbewusst das Leid und die Kämpfe anderer zu fühlen. Energie kennt keine Grenzen.

immer wenn von uns verlangt wird, unsere Augen und Herzen zu verschließen, und wir genau dies tun, weil es einfacher ist, als unsere Verantwortung für eine Welt und eine Menschheit zu akzeptieren, die geheilt werden müssen; weil es einfacher ist, als zu verstehen, dass ein heroischer Einsatz unsererseits für die Heilung dieser Welt nötig ist, dann verdunkeln wir das Licht unserer Zukunft. wenn wir es wagen, unsere Liebe aktiv und grenzenlos fließen zu lassen, dann erreichen wir ein ganz neues Level persönlicher und globaler Freiheit für alle Lebewesen.

der Dalai-Lama hat einmal gesagt: »Mitgefühl ist das wirklich Radikale in unserer Zeit.« das ist wahr. heute rebellieren wir, indem wir mehr lieben. wenn wir einander als Familie anerkennen und behandeln, dann werden wir verstehen, was globaler Frieden ist.

vergiss nicht,
deine Liebe
in die Erde
in das Wasser
in die Lüfte
zu schicken

wie wirst du bei der Heilung der Welt helfen?

indem ich mich selbst heile und die Heilung
der Menschen um mich herum unterstütze.
indem ich zulasse, dass Liebe mein ganzes
Sein erfüllt und jede meiner Taten leitet.
indem ich verstehe, dass etwas, das Leid
verursacht, nicht richtig sein kann.

beobachte.

akzeptiere.

lass los.

verwandele.

weil mitten im Chaos ruhig zu bleiben
ein Zeichen von wahrer Stärke ist

miss
deinen Erfolg
an der Zunahme
deiner Freiheit

der Geist ist viel weiter, als bewusste Gedanken es erfassen können. der bewusste Teil des Geistes – der Teil, mit dem wir die Bewegungen unserer Gefühle, Erinnerungen und Gedanken fühlen und hören – mag uns groß erscheinen, doch er ist klein im Vergleich zum Unterbewusstsein. die Spitze eines Eisbergs blitzt klein über dem Wasser auf, während der Großteil seiner Masse ruhig und ungesehen unter der Oberfläche liegt – der Gipfel ist sichtbar und sticht heraus, doch der unsichtbare Teil ist viel größer und hat starken Einfluss auf den sichtbaren Teil und bestimmt dessen Bewegungen. der Geist funktioniert auf eine ganz ähnliche Weise; das Unterbewusstsein und die blinden Verhaltensmuster, die sich dort mit der Zeit angesammelt haben, haben großen Einfluss auf unser Verhalten im Alltag, auch wenn wir meist nichts davon mitbekommen.

daher braucht es für Freiheit mehr als nur uneingeschränkte Mobilität oder die Erfüllung unserer materiellen Bedürfnisse oder die Beseitigung aller Formen von äußerer Unterdrückung. Freiheit ist tiefer als der bewusste Glaube unseres Geistes, dass wir frei sind – das Bewusstsein mag denken, dass wir frei sind, doch wenn das Unterbewusstsein weiterhin von Mustern bestimmt ist, die Leid, Illusionen und Schmerz in uns hervorrufen, dann sind wir nicht vollkommen frei. ein ungeübter Geist ist der größte Unterdrücker.

unsere Freiheit nimmt zu, wenn wir mit der Heilung unseres Geistes beginnen. sie lehrt uns, loszulassen und mit dem Ozean des Lebens auf eine Weise zu interagieren, die uns kein Leid mehr verursacht; unser Frieden nimmt zu, wenn wir unser Inneres beobachten und beginnen, die Abhängigkeiten und Lasten abzulegen, die unseren Geist unterbewusst erfüllen. Freiheit liegt in jedem Moment, in dem wir nicht nach immer mehr verlangen.

der Geist wird rein, wenn wir die Last der Vergangenheit und das Verlangen nach bestimmten Dingen in der Zukunft ablegen – besonders, wenn unser Glück vom Erlangen dieser Dinge abhängt.
der Geist ist klar, mächtig und entschlossen, wenn du den Moment der Gegenwart wahrhaftig beobachten kannst, ohne dein Ego darauf zu projizieren. Freiheit liegt in unserem Inneren. Freiheit ist eine Gewohnheit.

~~finde dich selbst~~
befreie dich selbst

Ziele:

meine innere Ruhe entwickeln
meine Klugheit pflegen
meine Freiheit erweitern
der Welt helfen, zu heilen

loslassen,
lernen,
erweitern –
ich arbeite
gerne daran

ich sende Liebe an alle Lebewesen
auf dass alle Lebewesen ihre Kraft wiederfinden
auf dass alle Lebewesen sich und die Welt heilen
auf dass alle Lebewesen glücklich und frei sind

Wir verpflichten uns zu Nachhaltigkeit

- Klimaneutrales Produkt
- Papiere aus nachhaltiger Waldwirtschaft und anderen kontrollierten Quellen
- ullstein.de/nachhaltigkeit

Die Originalausgabe erschien 2018 unter dem Titel *Inward* bei Andrews McMeel Publishing, Kansas City.

Allegria ist ein Verlag der Ullstein Buchverlage GmbH

ISBN 978-3-7934-2448-2

Umschlaggestaltung: zero-media.net, München, nach einer Vorlage von Anders Villomann
Titelmotiv: © Anders Villomann
Gesetzt aus der Times
Satz: LVD GmbH, Berlin
Druck und Bindearbeiten: GGP Media GmbH, Pößneck
www.ullstein.de

Über das Buch

Nach Innen ist eine Sammlung von Gedichten, Zitaten und Prosa. Sie erkundet den Weg von der Selbstliebe zur bedingungslosen Liebe für die Welt, die Kraft des Loslassens und die Weisheit, die wir erreichen, wenn wir ernsthaft versuchen, uns selbst in all unseren Facetten kennenzulernen. Mit seinen eindringlichen Texten führt uns Yung Pueblo vor Augen, dass Heilung, Weiterentwicklung und ein freies, unbeschwertes Leben möglich sind.

Über den Autor

DIEGO PEREZ wurde in Ecuador geboren und wanderte als Kind in die USA ein. Er wuchs in Boston auf und studierte an der Wesleyan University. Er lebt im heute im Westen von Massachusetts, wo er gemeinsam mit seiner Frau ein ruhiges Leben führt und täglich meditiert. Als Yung Pueblo hat er auf Instagram aktuell 2,3 Millionen Abonnent:innen.

CARLA HEGERL lebt in Leipzig und übersetzt Dichtung und Philosophie aus dem Englischen, Spanischen und Schwedischen.